PORTRAIT

HISTORIQUE

DU

CARDINAL MAURY,

DÉPUTÉ

A L'ASSEMBLÉE NATIONALE.

Par le Citoyen Car.........

Prix 10 Sols.

A PARIS,

Chez Hugelet, Imprimeur, rue des Fossés-
Saint-Jacques, N° 4.
Et chez les Marchands de Nouveautés.

An VI. — 1798.

PORTRAIT
HISTORIQUE
DU CARDINAL MAURY.

Loin d'ici ces esprits superficiels qui, basse-
ment dépréciateurs de leurs contemporains, osent
soutenir que la nature épuisée n'a ni la force ni
le courage de produire ces génies extraordinaires
dont l'élan aussi rapide que l'éclair engendre l'en-
thousiasme & la stupeur; ceux-ci n'ont point
connu, ou n'ont pas voulu connoître les ressources
de l'Assemblée constituante, assemblée qui a donné
des modeles de la plus mâle éloquence, de la
philosophie la plus profonde, de la politique la
plus raffinée, assemblée qui a introduit sur la scène
la plus brillante un *Maury*, un *Mirabeau*.

Je parle, citoyens de deux athletes qui, quoique
sous différens rapports étoient faits pour se mesurer,
de deux émules qui, quoique partagés d'opinions,
n'exciterent pas moins la curiosité, que le desir
de s'instruire. Mais pour ne pas diviser l'attention du

A

lecteur, fixons Maury qui, trouvant dans son esprit les ressources les plus heureuses & les plus fécondes, fut toujours maître de son expression.

Sorti d'une classe obscure, selon les préjugés de l'aristocratie, il se crée lui-même, & n'attend rien que de ses efforts. Ses protecteurs sont ses talens; & ce tourment de l'ambition qu'on peut appeller le véhicule du génie, le porte loin de sa patrie, & le place toujours dans son centre.

Né à Valréas, dans le comtat Venaissain, entre Rome & Paris, il jetta ses regards sur ces deux immenses cités, & cette derniere ville lui offrant plus de moyens de parvenir, il la choisit, il s'y rend, & pendant le trajet, il lui semble entendre Fléchier, son compatriote, lui dire : « Courage, » élevez votre ame ; je fus comme vous, sans » ressource, sans crédit, sans moyens, quand la » Providence me prit par la main, me conduisit » pas à pas, me montra la chaîne des Auteurs » célebres qui, n'ayant de ressources qu'eux-mêmes, » percérent à travers tous les obstacles, & parvin- » rent aux faîtes de l'immortalité ».

Les hommes de génie naissent inspirés. Un sentiment inné de leur future élévation, les accompagne par-tout, & la gloire qui leur appartient comme leur patrimoine devance leurs pas, les annonce & les préconise.

L'indigence a beau poursuivre le jeune Maury, il lutte avec courage contre la mauvaise fortune, que dis-je, il se la rend favorable; il attend avec impatience le jour qui doit luire, il l'augmente, & lorsque la lumiere ne paroît qu'à son crépuscule, il se trouve en plein midi.

Telle est la marche des grands hommes ; son

amour-propre ne lui fait point illusion. Il ne voyoit ni de l'obscurité dans laquelle il est né, ni de celle dans laquelle ont vécu ses peres que l'habit ecclésiastique, la seule distinction que la roture partageoit alors avec la noblesse. Elle lui donne droit d'être admis comme Précepteur dans un collége de l'université.

Mais quelle carriere va s'ouvrir à ses yeux; une impulsion céleste vient frapper son esprit, & après qu'elle a fait de Bourdaloue un prédicateur, selon la science de Dieu, de Masillon, un évangéliste, dont l'éloquence du cœur enflamme & pénetre, elle tirera de Maury une intelligence qui ne ressemblera qu'à lui-même, & dont la réverbération répandra la lumiere de toutes parts, & lui formera un auditoire capable de l'apprécier.

Le panégyrique de Saint Louis, prêché devant l'Académie, lui mérite l'honneur d'être aggrégé à ce corps illustre ; cet éloge, quoique usé depuis du temps, acquit un air de nouveauté. On diroit que, loué depuis plus de cinq siècles, il n'a point encore été célébré, tant les couleurs de l'éloquence paroissent animées. C'est St Louis lui-même, & l'on n'a pas besoin de l'illusion pour se le persuader.

Mais il faut lire son discours de réception à l'Académie française ; c'est là que donnant l'essort à son esprit, il apprend à la jeunesse à ne point se décourager, à compter sur les ressorts de l'éloquence, à s'environner de tout ce qui peut élever l'ame, à fonder son espoir sur la bienveillance de ceux qui protégent les talens & les arts : il se cite pour exemple, & il ne rougit point de dire : *Jadis sans fortune, sans crédit, sans appui, arrivant dans cette capitale, des amis de l'humanité me rendent une main secourable, & me mettent en état d'être associé à leurs glorieux travaux.*

Sa réputation éclatte, gagne la cour, lui concilie les bonnes graces de ses maîtres, avant qu'ils l'aient entendu ; il n'a pas encore le nombre de sermons nécessaires pour remplir la station de Versailles, & il est nommé Prédicateur du roi, mais il lui suffit du vouloir.

Il a fait de son ame une bibliotheque raisonnée, & tous les genres d'érudition viennent en foule au gré de ses desirs. Il persuade, il convainc, il atterre ; & ses sermons, sur la charité, sont d'autant plus véhémens, qu'ils lui mériterent des reproches de la part du grand aumônier. *Songez, M. l'abbé,* lui dit-il, *que vous prêchez devant le roi ; évitez de faire venir dans vos discours des choses exagérées & relatives à l'administration que vous devez ignorer, ainsi que le Public ; & sur-tout prenez garde de débiter de fausses anecdotes.* Voici les traits qui avoient choqué le cardinal de la Rocheymon, & l'on peut juger par là quel étoit le ton de la cour.

« L'amour de votre Majesté pour le bien public
» invite les ministres de la Religion à vous pré-
» senter l'affligeant tableau des calamités qui
» assiégent les asyles de l'indigence, mais la
» charité d'un souverain doit répondre à l'étendue
» de son autorité.

» Nous ne saurions dissimuler que plusieurs
» établissemens consacrés parmi nous à l'humanité,
» portoient encore l'empreinte des siècles barbares
» qui les ont vu naître. On vous dira peut-être,
» que dans toutes les grandes institutions, les
» grands abus sont inévitables, car c'est ainsi
» qu'on exagere les difficultés de faire le bien,
» & qu'on décourage les meilleurs rois. Non, Sire,
» il n'est pas impossible d'ouvrir un asyle aux
» malheureux dans les hôpitaux, sans les accu-

» muler dans des lits de douleurs. Il n'est pas
» impossible d'assurer la subsistance & la conser-
» vation des pauvres enfans que le ciel a mis sous
» la protection spéciale du pere du Peuple : il n'est
» pas impossible enfin de faire cesser les ravages
» de la mendicité sans y substituer les horreurs du
» plus effrayant esclavage. Sire, vous êtes à cet
» âge heureux où dans une belle ame la volonté
» du bien est une passion active & brûlante....
» eh ! qu'attendez-vous pour le faire » ?

Un discours qui lui fit encore plus d'honneur, fut le panégyrique de Saint Augustin, prononcé en 1775, devant l'assemblée du Clergé. C'est là qu'il fronda avec toute l'énergie dont il étoit capable, la dénomination d'évêques de fortune, qu'on ne donne, dit-il, qu'aux prélats nés dans l'obscurité. C'est ainsi qu'on les désigne. Eh ! que sont ces prélats, sinon les hommes qui, seuls, honorent l'épiscopat par leur science, par leurs travaux & par leur zele, tandis que ceux qui n'ont qu'un vain nom l'outragent souvent par leur ignorance, par leur orgueil, par leur faste. Hélas ! il ne disoit que trop vrai.

Mais ce qui acheve de le mettre sur la ligne de Fléchier, dont il devint le rival, ce fut l'éloge de Vincent de Paul, cet homme du peuple, cet avocat de l'humanité, cet homme de Dieu, qu'il fit revivre malgré les immenses charités qui devoient le rendre immortel.

L'ame est attendrie dans cet ouvrage plein de feu, dont les étincelles semblent se modifier au gré des auditeurs. On diroit qu'elles prennent ce patétique qui caractérisa si bien *Vincent de Paul*, & si bien assorti à la douceur de cet homme apostolique qui fut tout charité.

Rien de plus beau que de le voir suivre pas à

pas celui qui, spécialement l'ami des infortunés, les accompagne dans les hôpitaux, leur tend les bras, reçoit leurs derniers soupirs & les conduit jusqu'aux portes de l'éternité.

Mais il est impossible de le rendre plus vivement, que lorsqu'il le peint convoquant à Saint Lazare les riches & les grands, & qu'il ne les instruit de son dessein qu'au moment où il les a tous rassemblés. Quel touchant spectacle! Il place sous leurs yeux les orphelins qui, le fruit du crime, mais qui sans être coupables, ont besoin qu'on vienne à leur secours. « Si vous abandonnez, leur dit-il, ces
» malheureux enfans qui, maintenant sans pain,
» sans secours, sans existence, sans vie ; deux
» jours suffiront pour les remettre entre les mains
» de leur créateur ; mais au temps des vengeances,
» cette terre ingratte qui n'aura pu ni les loger, ni
» les nourrir, déposera contre vous, & vous repro-
» chera éternellement votre impitoyable dureté ».

D'après ces réflexions, leur dit Vincent de Paul, fondant en larmes, il ne vous reste plus qu'à signer cet écrit que je dépose sur cet autel comme un témoignage éternel de votre charité. Il assurera un sort à ces orphelins pour qui le ciel vous demande un prompt secours.

A ces mots, les yeux se baignent de pleurs, les entrailles s'émeuvent, la charité se répand de toutes parts, & prenant la plume, tous assurent un fonds de quarante mille livres de rente pour fonder enfin les Enfans-Trouvés.

Qu'on me cite un trait plus attendrissant, un acte de charité aussi prompt, aussi généreux ; mais pour couronner l'œuvre, il faut se transporter sur les mers, y voir Vincent de Paul ramant avec un courage à toute épreuve à la place d'un forçat,

dont

dont il s'étoit rendu garant, & entendre le prédicateur s'écrier : Où est-elle cette rame précieuse,
qu'on la suspende à la voûte de ce temple, au lieu de
ces sanglans trophées dont l'ambition des guerriers
est souvent le principe fatal, & qui, dans la maison
du dieu de paix, devroit à jamais en être écartée,
comme l'emblême de la discorde & de la fureur.

Mais n'oublions pas le trait qui, dans ce panégyrique, honora le plus l'orateur. Il eut le courage
de citer, en présence de la reine, ce qu'on rapporte
de Vincent de Paul. Dans un temps de calamité,
parlant des malheurs du Peuple, il alla jusqu'à dire,
en présence d'Anne d'Autriche, dont il vouloit
intéresser la charité : *Vous n'avez pas de moyens,
Madame ; mais vous avez des diamans.*

Frappée de ce discours, la reine mere déta-
cha ses boucles d'oreille, & par ce trait d'héroïsme,
elle donna un exemple à tous les souverains de
ce qu'ils doivent faire en pareille circonstance.

D'après une éloquence aussi victorieuse, on ne
fut point étonné de voir l'abbé Maury chargé de
prononcer à Notre-Dame l'oraison funebre du duc
d'Orléans, ni surpris de voir le fils refuser des
applaudissemens à ce qui excitoit l'admiration de
tous les spectateurs.

Il étoit tout naturel que des traits de bienveillance révoltassent un cœur peu sensible, disons
mieux, une ame atroce, celle en un mot du duc
de Chartres, & qu'il s'indignât des vertus d'un pere
à qui il ressembloit si peu. Vérité qui constatoit
d'une maniere évidente le jugement que porta son
aïeul au lit de la mort, jugement qui le soupçonnoit
avec raison d'une race bâtarde, & indigne de
représenter la maison d'Orléans.

B

Je ne sais si ce fut à la sollicitation du fils que cet éloge funebre, qui révéloit le mariage de la dame de Montaisson, ne fut point imprimé ; l'on vouloit que l'orateur se rétractât au moins d'un fait qui sembloit controuvé : ce qu'il y a de certain, c'est que l'orateur, assuré de la vérité, fut assez ferme pour ne point se démentir. Il dit avec une fierté qui lui étoit naturelle, *ou mon ouvrage restera tel qu'il est, ou il ne verra pas le jour.* Il étoit sans doute étonnant que la cour qui avoit nommé l'abbé de Beauvais évêque de Sénez, pour avoir dit des vérités dures à Louis XV, laissât Maury sans récompense, lui dont l'éloquence mâle ne connoissoit point alors de rivaux. Mais l'abbé de Boisemont, homme de génie, devint son ange tutélaire, mettant entre ses mains son sort, sa santé, laissant dire aux autres qu'il se rendoit coupable de simonie. Ne sondons point les intentions, & disons qu'on ne peut être grand homme si l'on n'est calomnié. C'est malheureusement une calamité attachée au vrai mérite, un contrepoids qui rabat l'orgueil.

Regardez les hommes de tous les siécles, ceux qui se sont signalés soit dans la carriere des sciences & des arts, soit dans celle des travaux militaires, ou des négociations, je défie d'en nommer un seul qui n'ait pas été outragé par la haine ou par la médisance.

Il existe une triste vérité & qui vient d'elle-même se placer sous ma plume. C'est qu'il n'est point de grand homme sans des défauts publics ou cachés. Le Créateur imprime sur son plus bel ouvrage le cachet du néant, la suite de notre mortalité. Si ce n'est le cœur qui pêche, c'est l'esprit.

L'un & l'autre, plus ou moins tributaires de l'erreur, l'un & l'autre taxés à proportion qu'ils ont des talens. Dieu dit à tous les hommes ce qu'il dit à la mer : J'ai posé une borne, & tu viendras t'y briser. *Huc usque venies & confringes fluctus tuos tumentes.*

L'abbé Maury étoit trop clairvoyant pour ne pas entrevoir les vices qui minoient insensiblement la cour, & d'autant plus repréhensible qu'il ne pensoit qu'à jouir de ces déprédations aux dépens du Public.

Il voyoit une grande ville située sur un grand fleuve où l'on compte huit cent mille habitans; il voyoit que le royaume étoit opprimé sous l'empire des despotes qui ne se succédoient que pour abuser du pouvoir que le Peuple leur avoit confié, que ces despotes avoient des agens qui exerçoient la plus affreuse tyrannie; que la veuve se plaignoit sans être entendue, que l'orphelin poussoit des cris sans exciter la moindre pitié.

Il voyoit que des vexateurs, soudoyés par le gouvernement, assiégeoient les chaumieres, infestoient les hameaux, écrâsoient les malheureux colons, que le laboureur étoit obligé d'acheter du sel, & que son grabat se vendoit à l'encan s'il n'avoit pas le moyen de payer cette taxe.

Que le paysan n'avoit d'autre bénéfice de son labeur que des corvées, d'autre ressource que le désespoir, que sa moisson, au moment d'être récoltée, devenoit la proie des animaux qu'on n'osoit détruire sans subir des amendes, & même la prison.

Il voyoit que des prélats, au mépris des loix évangéliques qui leur ordonnent de n'avoir ni or, ni argent, de ne dominer sur personne, de jeûner, de prier, tenoient une table ouverte, s'abreuvoient des vins les plus exquis, n'avoient d'autre diocese que la capitale, d'autre piété que celle de traîner un faste insolent aux pieds des autels, répétant presqu'en mourant ce que disoit jadis un de leurs collegues : *Seigneur, ayez pitié de ma grandeur.*

Que des moines, quoiqu'obligés, par leur regle, de vivre du travail de leurs mains, s'engraissoient, comme dit Boileau, d'une longue & sainte oisiveté, habitoient des palais, sans penser que le Christ n'eut pas où reposer sa tête, & ne prioient Dieu que par désœuvrement.

Que des ecclésiastiques qui, selon le conseil de l'apôtre, ne doivent point être litigieux, se consumoient dans d'interminables procès, & au lieu de donner leur robe comme il leur est prescrit, se faisoient gloire de ruiner leurs adversaires, sans jamais rien rabattre de ce qu'ils nommoient leurs droits.

Il voyoit que les manufactures les plus nécessaires n'existoient qu'autant que la fantaisie & l'intérêt des ministres n'en demandoient pas la suppression; que ce qu'il y avoit de plus rare & de plus beau se vendoit à crédit aux personnes qualifiées, qui laissoient à leurs arrieres petits-fils le soin de payer, & que les banqueroutes se multiplioient de toutes parts.

Que les mœurs ne s'adoucissoient que pour perpétuer le vice, que pour séduire la pudeur ; que parmi le sexe même il y avoit des cours d'obscénités où l'on ne s'attachoit qu'à fixer des images impudures, & à parcourir des livres lascifs.

Il voyoit qu'on ne connoissoit plus d'honneur que celui de se battre en duel, plus de sermens

que pour les violer, plus de promesses que pour
les oublier, plus d'amitié que pour la trahir, &
que l'homme prétendu de qualité, nioit jusqu'à sa
propre signature pour ne pas payer, & que les
créanciers légitimes étoient condamnés; que la
magistrature vendoit la justice à deniers comptans,
ne jugeoit que les causes de faveur, n'offroit aux
pauvres solliciteurs que de la morgue & de l'orgueil,
n'avoit pour secrétaires que des commis infideles
qui prenoient à toutes mains, que les audiences
endormies ne se réveilloient que lorsque l'avocat
s'égayoit aux dépens de la partie adverse, tandis
que les procureurs griffonnoient du papier à tant
la ligne.

Il voyoit que tous les corps gémissoient sous
l'oppression, que le militaire avoit honte de paroître
en uniforme, qu'il falloit être gentilhomme pour
être officier, que le soldat étoit exposé à recevoir
des coups de sabre, graces à un Saint-Germain;
qu'enfin, les subalternes n'osoient se plaindre de
leurs chefs, eussent-ils toute la justice & toute
la raison.

Il voyoit que la présomption siégeoit fierement
à la place du génie, que le charlatanisme se rendoit
l'arbitre des réputations, que la réputation elle-
même n'étoit que l'ouvrage de la cabale & de la
tyrannie, que les auteurs les plus utiles, que ceux
qui n'avoient enseigné qu'une saine morale, vi-
voient sans espérance, & mouroient dans le besoin; que le vrai mérite, relégué dans des lieux
obscurs, gardoit l'*incognito*, & que la vertu
cédoit au vice les rangs & les honneurs.

Que la qualification de *Roué*, nom qui fait
frémir d'horreur, formoit un titre honorable dans

la meilleure compagnie pour y être desiré ; que l'idolâtrie, jusque dans la chaire de vérité, divinisoit des mortels qui prostituoient l'humanité ; que des élégans escomptoient leur jeunesse, désolés de ne pouvoir accaparer tous les plaisirs, & que des vieillards s'efforçoient de rajeunir leur décrépitude dans le sein d'une langoureuse & mourante volupté.

Il voyoit que l'on semoit l'or dans les jardins à dessein de les rendre stériles, de les convertir dans des amas de ruines, & cela sembloit délicieux, parce qu'il falloit, à quelque prix que ce fût, copier les Anglois, & que des chars où l'on n'arrivoit que par des escaliers, servoient de trône aux filles affichées, pendant que les épouses des hommes titrés n'avoient en partage que la douleur de voir leur dot & l'héritage de leurs enfans absorbés dans la plus honteuse débauche. Que tout passoit pour gentillesse & même l'escroquerie, pourvu qu'on eût des plaques & des cordons, & qu'on appelloit gens comme il faut, gens comme il n'en falloit nulle part. Qu'on ne connoissoit plus d'âmes sensibles que celles qui s'appitoyent sur des scènes amoureuses & sur des aventures romanesques, & qu'on eût rougi de pleurer la mort d'une épouse, d'un pere, d'un ami.

Il voyoit que la cour, aussi prodigue qu'effrénée, s'élevoit au-dessus de ces désordres, comme en ayant la surintendance, car *tel étoit son plaisir*; que des sardanapales pompoient les richesses de l'Etat, ayant seuls le droit de les épuiser ; que l'on y signoit presqu'à toute heure des lettres de cachet, des ordres, des bons, des brevets (au nom du Roi, qui n'en savoit rien, quoique tout se fit au nom de *sa pleine science & de son plein pouvoir.*)

Il voyoit hélas ! qu'on embastilloit l'innocence, qu'on enrichissoit les avares pour récompenser l'ignorance, que les exemples les plus pervers venoient à l'appui de plus sinistres conseils; que le plus mince gentilhomme ne parloit que de ses alliances, de ses armoiries, de ses parchemins, & d'une noblesse vraiment imaginaire. Que l'égalité, qui met tous les hommes au niveau, passoit pour chimère ou pour un attentat ; que la Liberté, le plus précieux appanage de l'homme, n'étoit qu'un mot dont on devoit perdre jusqu'à la signification, tant le desporisme subjuguoit les esprits, & que le regne de l'orgueil, la police d'un côté, la censure de l'autre, entravoient tellement tous les hommes, qu'il falloit se défier de sa propre pensée; que les loix violées ou méconnues n'avoient ni consistance, ni constitution, que tout étoit à l'arbitraire entre les mains de ceux qui tenoient les rènes, que les emplois ne se donnoient qu'à des gens ineptes ou tarés, qu'on devenoit un homme important pour peu qu'on eût l'avantage de tailler au jeu de hazard & d'intéresser quelques seigneurs ruinés, ou quelque douairiere accariâtre, dont le front sillonné marquoit la galanterie & les années.

Il voyoit que le Peuple, ce peuple qui porte le poids de la chaleur & du jour, quoiqu'à lui seul appartienne le pouvoir de confier l'autorité, sembloit n'être que toléré, qu'on le pressuroit comme une vendange, qu'on le regardoit comme les retailles de l'humanité ; que des vexations aux barrieres des villes annonçoient la plus affreuse tyrannie, que le paysan comme l'ouvrier n'osoit pénétrer dans les jardins publics, & que le souverain étoit environné de gardes qui les empêchoient d'approcher, & même de regarder leur Roi.

Qu'au milieu de ce débordement d'abus, de vices & d'erreurs, une princesse, âgée de quinze ans, sortie du sein de l'Allemagne, vint se compromettre jusque sur le territoire français, sous les yeux d'un roi qui fut cinquante neuf ans monarque, & qui ne régna jamais.

Que, devenue femme de Louis XVI, elle attendit comme son salut, les Etats-Généraux, & que ce mémorable événement fut l'époque de son malheur.

Que le Mirabeau, quoique nouveau Janus a raison de son double visage, quoique homme tout-à-fait immoral, jetta les fondemens de la liberté, & que ce fut son génie, soutenu de ses poumons, qui entraîna les esprits, leur fit prendre la direction qu'il vouloit, tandis qu'un ministre habile à saisir les souterrains, travailla sourdement à miner le Clergé. Alors le Tiers-Etat se voyant appuyé, ne redouta ni la langue dorée de l'abbé de Moutesquiou, ni la logique de l'évêque de Clermont, qui occupoit le siége de Massillon sans en avoir les talens : alors toutes les distinctions disparurent, les prérogatives s'anéantirent, & la peur dont les Romains firent une déesse tant elle a d'ascendant, toute foible qu'elle est, acheva ce que les raisons n'avoient pu opérer.

La bastille alors tomba, & des têtes altieres séparées de leur tronc, furent portées en triomphe au milieu de la capitale, les tocsins sonnerent, le Peuple prit les armes, chacun trembla, & la Nation reprit enfin l'autorité dont elle s'étoit dé-

pouillée

pouillée depuis l'exaltation de Pharamond, & que
Philippe de Bourbon, connu sous le nom d'Orléans, furieux d'un exil qu'il devoit employer à
de solides réflexions, fit de son palais un foyer
qu'il attisa lui-même, & dont les feux jaillirent de
toutes parts.

L'on alla d'abord à petits pas, l'on prit ensuite
la marche d'un géant, & chaque semaine vit dé-
raciner l'arbre de la monarchie, afin d'affermir
celui de la Liberté; & les sages qui n'en n'apper-
cevoient encore que les premieres feuilles, avides
de s'en faire une couronne, la tressèrent de leurs
mains, la mirent sur leur front, & ils entendirent
prononcer ces mots : « Peuple, si vous savez ne
» pas abuser de cette précieuse Liberté qui dégé-
» néreroit en licence, vous vivrez sans entraves,
» n'ayant d'impôts qu'autant que vous pourrez en
» supporter, vous trouvant à l'abri des vexations,
» du despotisme & des horreurs de l'orgueil, par-
» venant à tout emploi, si vous travaillez à vous
» en rendre digne, la naissance prétendue distin-
» guée n'étant qu'un zéro, un grand nom qu'un
» vain mot, la souveraineté qu'une délégation
» donnée à ceux qui en sont revêtus ».

On ne sentit jamais mieux cette vérité qu'au
moment où Louis XVI, arraché de son palais,
après s'y être vu, ainsi que son épouse, environnés
des ombres de la mort, vint à l'hôtel-de-ville de
Paris, au milieu des sabres, des fusils, des canons,
reconnoître l'autorité du Peuple, & faire solem-
nellement l'aveu de sa dépendance à l'égard de
la Nation, dont il prit la cocarde, dépendance
absolument conforme aux paroles qu'on lit dans
le petit carême de *Massillon*, ouvrage dont

C

Voltaire ne pouvoit se détacher, & où cet orateur disoit à Louis XV lui-même.

« C'est le choix des nations, n'en doutez pas,
» qui mit le sceptre entre les mains des rois,
» ce sont elles qui les élevèrent sur le bouclier
» militaire, & qui les proclamèrent souverains de
» sorte que la première autorité des monarques,
» venant du Peuple, ils n'en doivent faire usage
» que pour lui ».

Mais pour amener Louis XVI à ces grandes vérités, il lui falloit d'autres hommes que ceux dont il étoit entouré, ou plutôt il falloit le refondre & lui donner, non des connoissances qu'il n'eut que de mémoire, mais des principes qui tinssent à un grand caractère, & qui ne l'auroient pas rendu vacillant comme il le fut toute sa vie, mais qui l'auroient attaché solidement à la Nation, de manière à ne redouter ni les chocs ni les tempêtes.

Et plus l'Assemblée constituante avançoit dans ses opérations, plus les pauvres s'écrioient : « Nous
» serons donc maintenant autant que le riche qui
» nous regardoit avec dédain, plus le laboureur
» se disoit : je serai donc désormais compté dans
» l'ordre civil ». Ils interrogèrent le ciel sur la nature de leurs droits, & le ciel leur répondit :
« Je n'ai ni d'autres étoiles, ni un autre soleil
» pour les nobles que pour vous, prenez toute la
» terre à témoin, & elle vous montrera la pluie
» comme la rosée, fertilisant également le champ
» du pâtre & les domaines du clergé ».

Et ces domaines retournèrent à la Nation comme un bien dont les ministres des autels n'avoient que l'usufruit, & des trois ordres on n'en fit qu'un pour établir l'égalité, & le Peuple brisa les statues

des despotes dont la jactance & la tyrannie avoient
enchaîné les nations , & ces changemens ne purent
s'amalgamer avec l'esprit des nobles qui aimèrent
mieux émigrer , que de renoncer à des chimères
aussi futiles que des titres & des cordons, plutôt
que de reconnoître pour premier souverain le
Peuple , qui, selon tous les publicistes, tant anciens
que modernes, l'est essentiellement.

Et ce funeste exemple entraîna Louis XVI
lui-même ; & quoiqu'il condamnât en public ces
abus de l'autorité, il fit une fugue à la faveur des
ténèbres en paroissant déférer aux volontés de la
Nation.

Mais il n'y avoit plus moyen de reculer, le
tonnerre révolutionnaire s'étoit fait entendre de
toutes parts , la cloche funeste aux aristocrates,
avoit sonné les Droits de l'homme & sa Liberté,
& il n'y avoit point de Français qui n'en fût
instruit.

Envain le clergé prétendoit à l'abri des préro-
gatives qu'il avoit usurpées, se maintenir dans ses
possessions, envain il s'efforçoit par des sophismes
de faire valoir une cause désespérée, feignant
d'avoir oublié que le souverain législateur dit qu'il
n'en sera pas de ses disciples comme des princes
de la terre, qu'ils ne domineront sur personne,
qu'ils ne posséderont ni or, ni argent, & que les
vertus seules feront leurs richesses.

Ce fut un vrai scandale de voir les ministres
de l'homme-dieu qui vécut dans l'abnégation &
dans la pauvreté, reculer pour ainsi dire d'épou-
vante devant le Tiers-Etat, au lieu d'aller à lui,
de l'embrasser avec une charité fraternelle, digne
en un mot des premiers chrétiens, il hésita, il

se troubla, & ce ne fut que par contrainte que Maury lui-même, quoique fils d'un artisan, reconnut la caste dont il étoit sorti, & que de concert avec le haut clergé, il offrit enfin de donner des millions pour se redimer ; mais il n'étoit plus temps, & l'archevêque de Paris eut beau remettre la dixme comme un impôt qui obéroit les pauvres laboureurs, on ne fut point satisfait qu'on n'eût dépouillé le clergé de tous ses revenus.

Il y a un grand pont de l'esprit au cœur, dit Nicole, car qui auroit cru que ce Maury, grand vicaire de Lombez, instruit de la doctrine des canons, versé dans la science ecclésiastique, deviendroit l'avocat, non des abbés commendataires, mais des abbés *comédataires à comedendo*, & dont on pouvoit dire : *Nos numerus sumus, fruges consumere nati*..... Quand on lui objectoit que l'église elle-même se fait un devoir de reconnoître en tout les autorités constituées, & de prier spécialement pour elles, dès que cela est sanctionné par le Peuple, il étoit obligé de se battre en retraite; mais il faut convenir qu'au défaut de bonnes raisons, ses argumens ressembloient à ceux du cardinal de Rets : on sait que, muni d'un poignard qu'on nommoit le bréviaire de M. de Pâris, il ne marchoit point sans cela. Ainsi, Maury, toujours prêt à payer de sa personne, savoit répondre par la force, chose d'autant plus extraordinaire qu'un ministre de la Religion ne doit avoir d'autres moyens de défense que la résignation.

Que l'abbé Maury trouve un homme qui l'insulte publiquement, & qu'en qualité de représentant du Peuple, il le saisisse au collet, qu'il le conduise à la Convention, c'est un acte de justice

& de vigueur, mais que le même abbé se vante d'avoir toujours deux pistolets à sa disposition, qu'il appelle cela ses burettes, qu'il se flatte d'en faire usage si l'occasion se présente ; langage inouï parmi les disciples du Messie qui n'eut pas où reposer sa tête.

Il y avoit trop de passions, trop de préjugés, & peut-être un trop grand nombre d'anditeurs, pour que les séances de l'Assemblée constituante ne fussent pas orageuses. L'ascendant qu'on avoit d'ailleurs donné aux tribunes devoit nécessairement exciter du tumulte. Le silencieux Platon, qui méprisoit les *on dit*, n'auroit sûrement pas goûté cette méthode. Il connoissoit trop bien les hommes, pour leur laisser librement la parole, sur-tout quand l'esprit de parti les agite. Ils sont alors plus femmes que les femmes mêmes, dit le philosophe Plotin, & pour se servir de l'expression de Bossuet contre le ministre Jurieu, ils sont verbeux, reproche sans doute qu'on peut faire à l'abbé Maury, qui, plus prolixe que Mirabeau, se donnoit dans ses discours une latitude qui souvent passoit les bornes, & affoiblissoit ses raisons.

Il est peu de personnes qui sachent enchaîner leur pensée, sans la rendre captive, disons le hardiment, Maury étoit trop orateur pour ne pas divaguer dans des matières de controverse; & les peuples, oui les peuples fatigués du long silence qu'ils avoient gardé dans le temps de la monarchie, cherchoient à s'en dédommager ; les séances souvent interrompues par la multitude, s'éloignoient de l'objet principal, & se consumoient dans des dissertations inutiles & souvent dangereuses.

Le jour des *Morts* devint l'époque mémorable

où le Clergé mourut réellement à ses prétentions
& à ses revenus. On agita la question préparée,
peut-être depuis plus de vingt-cinq ans, & dans
une matinée, le décret fut porté. On étoit bien loin
de faire valoir alors le don gratuit, on reconnut
au contraire que l'église ne jouissoit que gratuitement
de ses possessions, & que la Nation étoit maîtresse
de les reprendre quand elle voudroit.

Ce coup attérant pour le premier & dernier
ordre du Clergé, ne produisit que des lamentations
infructueuses, & sans compter quelques prélats
respectables, quelques savans religieux, on applaudit
au civisme qui arrachoit l'ivraie du champ du
Seigneur : on sait que dans les beaux siécles de
l'église, la Religion ne comptoit parmi ses richesses
que des infirmes & des pauvres. On sait que Laurent,
diacre de Rome, & l'acolyte du pape Sixte, réunit
tous les indigens & les plaça sous les yeux de
l'empereur, lorsque ce prince le fit sommer de
produire les trésors du clergé. C'étoit alors le seul
bien qu'il pouvoit offrir, & plut à Dieu qu'il n'en
eût jamais connu d'autres.

Les ecclésiastiques, sans doute en punition de
leur cupidité, devinrent avares ou fastueux à mesure
qu'ils entassèrent bénéfice sur bénéfice. Saint Gré-
goire de Naziance sé plaignoit de ce que les prélats
de son temps le disputoient aux princes & aux
consuls en magnificence ; aussi les quitta-t-il pour
vivre dans la solitude, en leur disant : « Adieu
» mes chers confrères, disputez-le en fasté & en
» orgueil aux princes de la terre ; pour moi, je
» me retire en me réservant le droit de vous dire
» un petit mot dans l'autre monde ».

Si l'abbé Maury avoit été pénétré de ces grandes

....tés, sans doute il auroit moins parlé ; mais il auroit mieux agi, il auroit prêché d'exemple, & la démission de ses prieurés eût fait son apologie : c'étoit le cas de dire *On nous demande notre robe, donnons notre manteau.*

Disons plutôt que si Ganganelli, ce pape, l'ami du peuple & de l'humanité, fut sorti de son tombeau, au bruit qu'excita dans l'église & dans les états la commotion révolutionnaire, la seule qui eut le droit de changer l'ordre des choses, il auroit indubitablement fait entendre sa voix & prononcé ces mots. « Souvenez-vous, ministres » du Seigneur, que loin de murmurer contre la » Providence qui vous a dépouillés de vos honneurs » & de vos revenus, vous devez la remercier de » ce qu'en vous ôtant les moyens d'être avares » ou fastueux, vous n'absorberez plus la portion » du pauvre, & vous vivrez dans la simplicité. » Souvenez-vous que Dieu n'a permis les scandales » dont les gens de bien gémissent, que pour » régénérer la Religion, & donner plus de lustre » à son église. Souvenez-vous enfin.......... »

Mais il n'auroit pas achevé, qu'évêques, prêtres, religieux revenant de leur ivresse, auroient reconnu leurs écarts, qu'ils auroient béni le moment de leur retour à la vérité, & que d'après l'instruction donnée par leur chef, ils se seroient soumis aux autorités constituées, au lieu de s'abandonner aux plaintes & aux murmures.

Par là, le Clergé se seroit acquis une gloire éternelle, il auroit adhéré avec soumission à la loi qui prêche l'égalité, la liberté, la fraternité ; & Barnave, représentant du Peuple, se seroit dispensé de proposer un singulier serment qui, selon la hierarchie, donnant atteinte à l'enseignement des premiers pasteurs, ainsi qu'à la canonicité de leurs élections, devint un sujet de division. On se contenta par la suite de reconnoître purement & simplement la République, & que la Liberté consistant à pouvoir faire tout ce que ne défend pas la loi, il suffisoit d'abjurer de cœur & d'esprit la royauté.

Mais il y a des hommes qui se plaisent dans le trouble, & pour qui la révolution n'a d'attraits qu'autant qu'elle est tumultueuse, & qu'elle favorise les passions.

Des génies impétueux comme un Mirabeau, comme un Maury, se trouvoient en pleine jouissance, & ils n'étoient jamais plus contens que lorsqu'ils descendoient dans l'arène, tels que ces gladiateurs qui se provoquent délicieusement au combat quand ils sont stimulés par leur amour-propre.

On n'a point oublié cette rixe solemnelle, où ayant pour témoins ce qu'il y avoit de plus éclairé dans la Nation ; les uns opinerent pour la création des assignats, les autres les rejetterent comme un papier qui n'auroit de cours qu'en le substituant à la place de l'or, & en nous donnant un signe factice qui finiroit par s'anéanti dans nos mains, & par nous laisser dans la misère au milieu même de l'abondance.

Malheureux systême qui ruina la France, s'écria Maury, on veut donc te renouveller ! Si le ciel a permis qu'il restât encore des billets de cet infâme agiotage, disons le hardiment, ce sont autant de balises placées par la Providence pour nous garantir des naufrages.

Il disoit vrai ; mais si nous sondons son intention, il n'avoit d'autre dessein que de détruire la République avant même qu'elle existât. Portant ses vues sur l'avenir , il avoit deviné qu'il lui falloit la ressource des assignats pour se soutenir ; & en effet, des armées nombreuses & formidables , traînant à leur suite des dilapidateurs , des pillards , des inutiles de toute espèce , ne trouvoient ni dans le dépouillement des églises , ni dans les biens immenses du clergé ni de quoi se satisfaire , ni de quoi assouvir leur voracité.

Le jour qui s'écoule instruit le jour suivant, & l'on sait ce qui s'est opéré dans toutes les révolutions. Aux grands maux, il faut des remèdes violens. Le pilote, pour se garantir des naufrages , rompt les cordes , abbat les voiles , & s'abandonne à l'impétuosité des flots , sans prévoir les désastres auxquels il s'expose.

C'est sans doute un mal incalculable de toucher aux monnoies , mais il est des circonstances où il faut tout oser , quoique l'opinion qu'on nomme à juste titre la reine du monde , ait prononcé que l'or est la richesse suprême.

L'on prétendit faussement que Dom, Gerle , Chartreux, qui fit à l'Assemblée constituante un double personnage, avoit servi d'organe à Maury, relativement à la création des assignats. Cet intrépide abbé se montroit trop à découvert pour emprunter la voix d'un moine sans talens. Il ne parut timide ou plutôt prudent qu'une seule fois, lorsque s'étant engagé dans une embuscade, il ne s'en tira qu'à l'aide d'une robe d'israélite, & l'on dit à cette occasion que cela fut d'autant plus généreux de la part d'un juif, que Maury avoit péroré en pleine

D

assemblée pour leur ôter le droit de citoyens actifs.

Le clergé se reposoit entièrement sur lui, & il faut avouer que s'il eût employé la douce éloquence de l'abbé de Montesquiou, il n'auroit pas tant aigri les esprits. On n'aime point à se laisser subjuguer, & ce fut par un coup de force que l'abbé Maury entraîna les évêques aux capucins, pour les affermir dans leur opinion, prévoyant dès lors que cette démarche lui mériteroit les bonnes graces de la cour de Rome; mais le gardien du couvent de Saint-Honoré, qui, loin d'être Romain, trembloit pour sa communauté, employa l'autorité du Maire, & le rassemblement n'eut pas lieu.

Maury, depuis cette époque, se vit exposé à toutes les avanies, qu'il soutint, il faut l'avouer, avec un courage héroïque. Tantôt on lui imposoit silence d'une manière impérieuse, tantôt on alloit jusqu'à le menacer de la prison, c'est-à-dire que dans les vues du clergé, qui compte parmi les martyrs ceux qui soutiennent au péril de leur vie, les immunités de l'église, Maury doit avoir un rang distingué. On se souvient que Thomas de Cantorbéry, pour avoir voulu soutenir ses préro-gatives avec trop de zèle, est mis au rang des saints : on ne nous montrera cependant pas que l'évangile autorise un pareil procédé, de sorte qu'on peut dire que c'est une canonisation de la cour de Rome, & non du saint siége. Cette doc-trine, tout à fait insolité, est opposée à tous les pères de l'église, mais le clergé a pris toutes les précautions possibles pour identifier les biens terrestres avec les biens spirituels, jusqu'à nommer *simonie* l'achat d'un bénéfice clérical, comme si c'étoit trafiquer les dons de l'esprit-saint que de faire un pareil marché.

Il y eut quelques évêques qui se signalèrent dans cette lutte, & l'on fut surpris de n'y point voir M. *du Lau*, archevêque d'Arles, qui passoit avec raison pour une aigle dans les matières du Clergé, ce qui fit dire alors qu'il avoit perdu tout son savoir le jour même que cette érudition ne fut plus de mode. La France, tel qu'un vaisseau lancé sur une mer orageuse, continuant d'affronter les tempêtes & de braver les rochers, s'élevant au-dessus des écueils, gagnoit avec courage les bords de la félicité, & des milliers ou plutôt un million de soldats sortis de son sein tous enflammés du noble dessein de mettre des limites à la monarchie, se jetta, en dépit des trahisons, à travers le fer & le feu, mit en pièces les ennemis, pulvérisa les remparts, reprit les villes aussi rapidement qu'il l'avoit projetté, tenant entre les mains la foudre & la mort, & lorsque vingt mille hommes s'abbattoient, cinquante mille autres se levoient, & les ennemis, toujours terrassés, s'écrioient, au moment de leur défaite : « Quel pays que celui » des Français, où lorsqu'il s'agit de soutenir une » guerre avec éclat, le courage & les richesses » ne s'épuisent jamais; où les Français, réalisant » la fable de Cadmus, se montrent prêts à tout » entreprendre, &, par des manœuvres inconnues, » se jettent à corps perdus sur les canons, & » déconcertent les plus fiers conquérans, par des » prodiges de valeur dont on n'avoit pas d'idée ».

Maury ne mettoit pas moins d'ardeur à soutenir avec opiniâtreté un combat de plume & de paroles. Tantôt chez les évêques, tantôt chez les cardinaux, tantôt seul avec lui-même, il se multiplioit, il s'isoloit s'imaginant qu'il lasseroit ses adversaires, mais il y avoit trop de résistance & trop de raisons du parti des opposans. On ne pensoit pas que Mirabeau, orateur, politique, logicien, avoit pris dans les voyages comme dans les prisons une double vigueur, & chose surprenante, quoiqu'il ne se connut pas lui-même, tant les passions l'obsédoient, il avoit une connoissance parfaite du cœur humain, devinant les hommes, & ne se trompant jamais sur le mobile de leurs actions.

Mais nous n'avons garde de passer sous silence ce qui fait le plus d'honneur à l'abbé Maury, car nous voulons être justes ; je parle de la conservation de l'hôtel des Invalides, qui se trouvoit sous la hache des vendales qui avoient conjuré sa ruine. Cet hôtel se releva avec un nouvel éclat, & la raison se fit alors entendre comme plaidant elle-même sa cause devant des ames disposées à ne pas vouloir l'entendre.

Louis XIV, quoiqu'alors en butte à la passion, prévalut dans cette rencontre, & l'on se vit forcé de se taire & d'admirer. Il sembla que chaque pierre se détachoit alors de l'édifice, pour annoncer aux races futures la grandeur & l'utilité de cet établissement, & Maury eut la gloire de le relever lorsqu'il étoit prêt à s'engloutir.

Mais peut-on parler de l'Assemblée constituante sans faire mention d'un homme que nous voudrions pouvoir ignorer, d'un Dumouriez, ce personnage trop fameux qui, en conseillant la guerre, causa des maux énormes ; qui, livrant sa patrie sous prétexte de la sauver, couvrit la terre de cadavres, vivant en sybarite au milieu du fer & du feu.

Il suffit de dire que pour être classé dans toutes les annales, il signala son infamie. Après avoir défait la Flandre un hôpital & un cimetière, de trahisons en trahisons, il fit éclater toutes ses atrocités jusques dans Paris, & l'on vit la terre jonchée de morts & de mourans, les pères tremblans, les mères éplorées demander leurs époux, chercher leurs fils, se jetter à corps perdus sur des membres ensanglantés, les rappeller inutilement à la vie par les cris les plus aigus.

Quel spectacle effrayant si l'on y joint celui des émigrés ; étoient-ils à leur roi ? étoient-ils à la Nation ? ils ne tenoient qu'à eux-mêmes, à leur obstination, d'autant plus que n'ayant pas voulu profiter de l'amnistie, ils n'avoient rien à répliquer : la mère de Coriolan, sortant de son tombeau, méritoit alors d'être entendue.

Ceux qui, devenus Républicains, doubloient leur force, & triploient leur courage. L'esprit patriotique les rendoit invincibles, ou plutôt impassibles, ôtoit tout espoir au clergé ; & le roi, non content du sort qui lui assuroit la jouissance de ses domaines, le droit de nommer aux premiers emplois, de choisir ses ambassadeurs & ses ministres, d'avoir dix-huit cent gardes tant à pied qu'à cheval ; enfin, la puissance exécutive & l'assurance d'une couronne pour lui & pour les siens à perpétuité, travailla sourdement à rompre ce traité, toujours incertain sur ce qu'il devoit faire, toujours n'ayant que de lâches courtisans dont les sinistres conseils lui méritèrent la plus funeste réclusion. Ce fut la tour du Temple qui devint sa prison ; c'est là que, déchu de sa couronne, relégué avec sa triste famille, il dût souvent se représenter cette longue série de rois & d'ayeux dont il terminoit la lignée ; considérant enfin dans sa personne les étranges vicissitudes de la vie, & sa malheureuse destinée, qui fut celle du roi d'Angleterre, Charles Ier , & cela pour s'être séparé de la nation qui se sépara de lui.

Le 21 Janvier 1793 rassembla autour de l'échafaud sur lequel ce prince malheureux expira, prince digne d'un meilleur sort, mais qui avoit plongé le royaume dans les plus grands malheurs par ses adhésions aux plus pernicieux conseils. Les suites funestes d'un *veto* accordé au ci-devant roi, devinrent des scènes d'horreur, & l'on força les prisons, & des ruisseaux de sang tracèrent sur le sol de Paris cette affreuse époque, tandis que la guerre mettoit la France en combustion, & chaque jour voyoit tomber des têtes pour cause d'incivisme sans qu'on eût souvent de reproches à leur faire.

Maury, après s'être vu gros bénéficier, se vit à la fin de l'Assemblée sans autre fortune que ses talens, fortune qu'il ne pouvoit perdre. Mais au lieu de reconnoître la Providence qui l'amenoit au point où doivent être tous les ecclésiastiques, il regarda son nouvel état comme un effet de la tyrannie, & au lieu de bénir le ciel, il murmura & fut chercher dans un pays étranger qui lui promettoit la rosée de la terre, les moyens de vivre avec faste. Il ne fit que se montrer & le palais de la fortune lui fut ouvert. Fier d'une réputation qui le rendoit précieux à Rome, & qui l'avoit devancé, il eut la récompense dûe à son zèle, à son éloquence & sur-tout à la cause qu'il avoit imperturbablement défendue ; les ministres des Puissances belligérantes, & les Souverains eux-mêmes s'empressèrent de le bien accueillir. Quand il vint à Bruxelles, déjà son nom retentissoit dans toutes les villes où il séjournoit, & quelle jouissance pour un homme qui avoit risqué différentes fois sa vie & qui, déjà, prévoyoit toute son élévation.

Un remords de conscience, s'il fût entré dans son ame, auroit étrangement changé ses idées; au lieu de s'investir de sérieuses réflexions sur sa nouvelles métamorphose, il n'auroit pas donné l'essort à ce qui pouvoit flatter ses sens. Je suis né pauvre, auroit il dit, je mourrai pauvre; mais qu'il est difficile d'aimer cet esprit d'abnégation quand on a joui des biens qui étoient attachés au haut Clergé. Plus ils étoient contraires à la constitution évangélique, plus il étoit difficile d'en faire le sacrifice.

L'abbé Maury, comme un homme sauvé du naufrage, ne pensa plus qu'à consolider les bases de son élévation. C'étoit d'autant plus sûr, que Rome & l'Empire devoient lui servir de marche-pied, aussi fut-il nommé Nonce dans une assemblée qu'on pouvoit dire auguste, si l'on considère les les personnages & les dignités de ceux qui en étoient l'objet. Les ambassadeurs les plus distingués se rendoient à Francfort, & il y déploya un caractère qui attiroit tous les regards & qui le mettoit dans le cas de mériter les faveurs du nouvel empereur.

Léopold venoit de mourir, & il mérita d'être regretté comme un souverain qui ne s'étoit engagé dans une guerre désastreuse que malgré lui. On eût dit qu'il en prévoyoit les malheurs, & qu'il imaginoit que des Puissances coalisées, partagées en différens intérêts, n'atteindroient pas le même but. On murmuroit de ses délais, mais ils étoient sages, & l'évènement l'a justifié.

Cependant, malgré les préjugés d'une naissance obscure, Maury, sûr de s'étayer de son propre mérite, sut au moins affecter l'humilité au milieu des grandeurs dans une assemblée où il ne pouvoit croître qu'en se rapetissant. Ses discours faits avec beaucoup d'art, sembloient raser la terre, mais c'étoit la violette qui se cachoit sous des feuilles. L: moment vint où après avoir suivi les formalités tracées par la bulle d'or, l'empereur ayant déja une réputation méritée par ses succès sous son oncle Joseph II, se vit ceint de la couronne impériale qui lui étoit dûe, & l'abbé Maury finissant sa nonciature passa à Rome, où des acclamations l'accueillirent comme un homme rare qui avoit soutenu en France le poids des disputes concernant le Clergé, quoique sans succès. Les preuves portoient à faux, & un édifice qui n'est pas bien à plomb ne peut se soutenir malgré la force des leviers. Maury fut rassuré quand il se vit sur un terrein où le seul mérite a droit de primer, où la naissance n'est qu'en second, où les princes eux-mêmes sont souvent offusqués par le plébéien : aussi, affecta-t-il de s'humilier. On le voit dans cete réponse pleine de sagesse quand il répondit à ceux qui lui demandoient quelle étoit sa livrée : *A moins que ma famille ne l'ait portée, je n'imagine pas en avoir d'autre.*

Il ne manqua pas de se présenter chez les princesses, filles de Louis XV, bien assuré d'en recevoir le plus gracieux accueil. Les vicissitudes amenées par une révolution à laquelle les passions prêtèrent tour à tour leur énergie & leur atrocité, formoient un contraste révoltant. Il se voyoit le seul au milieu de tant de désastres & de périls, échappé comme par un prodige du tourbillon des évènemens; mais les grandeurs pesèrent bientôt sur sa tête : il se vit à peine revêtu de la pourpre romaine, qu'il commença par regretter Paris. Cette vie indépendante qui a tant d'attrait pour un philosophe. On est bientôt las des dignités lorsqu'on

est raisonnable. La représentation est un assjuettis-
sement auquel on ne se fait pas. Il n'y a que les
hommes solemnels qui aiment cette contrainte.

Le spectacle de Rome antique & moderne fit
une diversion bien capable d'occuper les loisirs du
nouveau Cardinal. Il voyoit d'un côté Romulus,
Berger, fondateur d'une cité païenne, de l'autre,
Pierre, pêcheur, ressusciter par le christianisme
une ville qui devient le centre de la Religion,
& c'est ainsi qne la Providence se sert des plus
petits moyens pour opérer des prodiges.

Mais qui le prouve mieux que les révolutions,
le cri du pauvre à la fin se fait entendre, perce à
travers le tumulte des grandeurs & des passions,
frappe enfin l'oreille des nobles, & les soumet aux
loix que leur imposent la justice & l'humanité.
Alors, rentrant en eux-mêmes ils reconnoîtroient
leurs torts, l'abus qu'ils ont fait de leurs richesses,
ou s'ils n'en convenoient pas, le droit des gens,
droit vraiment inaliénable, les dépouilleroit de
leur pouvoir, & les feroit rentrer dans la classe
où vivent tous les hommes sans prééminence &
sans distinction

C'est alors que les rois comme leurs sujets, les
princes comme leurs vassaux se voient sous la main
toute puissante d'un être infini qui les gouverne &
qui se fait un jeu de renverser les trônes, pour
leur apprendre que tout est égal à sa vue, & qu'il
n'y a de grand devant lui qu'un soupir pour le
pauvre, qu'une larme en faveur de l'humanité.

Vérité qui, quoique gravée dans tous les cœurs,
causa dans le Clergé un soulèvement général, &
fit enfin oublier à l'abbé Maury ce qu'il étoit &
ce qu'il devoit être.

F I N.